Comment venir à bout de sa procrastination ?

par Aurélie Dorchy

 50MINUTES.fr

Quand et comment reprendre le contrôle de la situation ?

Existe-t-il des méthodes pour mieux gérer son temps ?

Comment concilier tâches rebutantes et plaisir personnel ?

Comment aider un procrastinateur à gagner en efficacité ?

POUR ALLER PLUS LOIN 33

COMMENT VENIR À BOUT DE SA PROCRASTINATION ?

- **Problématique ?** Désireux de bien faire, vous remettez pourtant continuellement certaines tâches au lendemain, ou peut-être pensez-vous être plus efficace sous la pression, alors que la réalité vous prouve parfois le contraire ? Comment défier sa propre procrastination pour se mettre au travail ?
- **Objectif ?** Reprendre le contrôle de votre vie et enfin réaliser les projets qui vous tiennent à cœur !
- **FAQ :**
  - Qui sont les procrastinateurs ?
  - Les procrastinateurs sont-ils forcément des gens paresseux ? Quels sont leurs atouts ?
  - Quelles sont les raisons pour lesquelles nous remettons toujours certaines choses à plus tard ?
  - Quand et comment reprendre le contrôle de la situation ?
  - Existe-t-il des méthodes pour mieux gérer son temps ?
  - Comment concilier tâches rebutantes et plaisir personnel ?
  - Comment aider un procrastinateur à gagner en efficacité ?

De nos jours, de nombreuses personnes sont concernées par ce problème, qu'elles soient étudiantes, employées, artistes, indépendantes ou retraitées. Qui, en effet, n'a jamais repoussé au lendemain des choses qu'il aurait pourtant pu faire le jour même, tout simplement parce que d'autres activités plus réjouissantes se présentaient à lui ? Le phénomène est à ce point répandu que le 25 mars a été déclaré en 2010 journée mondiale de la procrastination. Le problème soulevé par cette remise à plus tard est lié à la gestion du temps, une thématique devenue phare depuis les années quatre-vingt-dix. C'est que, dans notre société, ne rien faire est dévalorisé, tandis que parvenir à tout maîtriser est érigé en idéal.

Les causes et l'origine de la procrastination sont diverses et provoquent toutes sortes de difficultés au quotidien. Celui qui déteste téléphoner repoussera les coups de fil urgents aux calendes grecques, tandis que celui que le succès effraie ne terminera pas de rédiger sa thèse sans avoir été poussé dans ses retranchements par les circonstances extérieures. Lorsque l'on souffre de procrastination chronique, on se sent chaque jour de plus en plus mal, même quand on fuit ses responsabilités en les remplaçant par des activités plus plaisantes qui nous rassurent. Plus le temps passe, plus l'échéance se rapproche et la quantité de travail augmente ou semble encore plus stressante. Parallèlement à cela, on développe une forme de culpabilité vis-à-vis des autres.

Quand la procrastination se vit au quotidien et qu'elle n'est pas assumée, c'est un véritable cercle vicieux qui emprisonne et qui vient mettre à mal l'estime de soi. Mais, à côté de ces personnes qui remettent toujours tout au lendemain, certaines le font de façon plus occasionnelle et souhaitent tout de même améliorer leur productivité ou tout simplement mieux gérer leur temps pour profiter plus longuement de leurs loisirs. Quel que soit votre profil, pour évoluer, il est nécessaire de commencer par prendre conscience et par accepter vos difficultés. Ce n'est qu'une fois passée cette étape que vous pourrez enfin vous approprier les outils indispensables à la mise en place d'un quotidien plus serein. La solution est là… mais il faut s'y mettre dès aujourd'hui !

POURQUOI EST-CE QUE JE REMETS TOUT AU LENDEMAIN ?

La procrastination est vécue par de nombreux individus et est causée par toutes sortes de peurs. Elle peut pousser à reporter indéfiniment aussi bien une tâche ménagère qu'un projet au long cours, voire une discussion compliquée avec un proche. Les profils décrits ci-dessous ne sont pas exhaustifs, mais ils reflètent une bonne partie des blocages à l'origine de la procrastination. Vous pouvez être concerné par plusieurs d'entre eux ou par aucun ; l'essentiel est d'identifier ce qui vous freine en envisageant toutes les pistes. Au fond de vous, vous savez certainement déjà ce qu'il en est, mais sans doute serez-vous rassuré de lire que d'autres personnes connaissent les mêmes dilemmes.

VOUS CHERCHEZ LA PERFECTION

Le perfectionniste ne supporte pas l'idée d'une tâche mal exécutée. Il sait que s'il commence un travail, en particulier un travail de longue haleine ou face auquel il ne se sent pas à l'aise, il y a des risques que celui-ci ne soit pas parfait du premier coup et qu'il faille donc y revenir à plusieurs reprises, sans assurance d'être un jour satisfait du résultat. Dans ces conditions, ne rien faire permet à la personne souffrant de perfectionnisme de se consacrer à des tâches plus faciles, dans lesquelles elle excelle, évitant ainsi toute déception. Or il convient de rester vigilant si vous avez tendance à fonctionner de cette manière, car désirer la perfection risque avant tout de vous freiner dans votre développement plutôt que de vous pousser vers l'avant.

> « Pour moi, il n'y a que la perfection qui soit envisageable, je ne suis
> pas contente avec une production moyenne, ni même assez bonne ;
> il faut juste qu'elle soit très bonne, et je serais la plus heureuse si elle
> était exceptionnelle. Alors c'est peut-être pour ça que je remets tout
> au lendemain, parce que j'ai peur qu'elle ne soit pas à la hauteur de mes
> attentes. Et pourtant j'essaie de me dire que sans y travailler, elle ne
> pourra pas être bonne, ça devrait être un argument de poids pour moi ;
> mais non, ça ne marche pas. » (Anita, 50 ans)

VOUS CRAIGNEZ DE DÉCEVOIR

Quelqu'un qui craint de décevoir un directeur de thèse, un employeur ou un proche, que ce soit ou non la conséquence d'un certain perfectionnisme, ne se sent probablement pas à la hauteur de la tâche qu'il doit exécuter ou qui lui est confiée. Ainsi, persuadé qu'on vous prête des aptitudes que vous n'avez pas ou croyez ne pas avoir, vous n'avez pas confiance en vos propres capacités et avez peur de lire l'étonnement dans le regard de l'autre lorsqu'il découvrira l'étendue de votre incompétence. Si vous vous reconnaissez dans ce profil, peut-être souffrez-vous du syndrome de l'imposteur.

LE SYNDROME DE L'IMPOSTEUR

Les personnes qui souffrent du syndrome de l'imposteur craignent que l'on découvre un jour qu'elles ne sont pas à la hauteur, qu'elles ne sont pas aussi douées qu'on le pensait, et que leur place est ailleurs. De ce fait, elles hésitent à se lancer dans de nouveaux projets qui leur feraient voir leurs faiblesses et les rendraient vulnérables aux yeux des autres. Dans la réalité, c'est à elles-mêmes qu'elles font le plus de mal, en limitant sans raison le développement de leurs capacités.

Se percevoir comme un imposteur au sein d'un entourage soi-disant plus compétent, méritant ou légitime peut mener à la procrastination. En effet, pour éviter que les autres ne soient déçus de vous,

vous postposez sans arrêt ce que vous devez faire. Or en repoussant une tâche indéfiniment, on renforce l'idée que l'on est un imposteur et on court tout droit vers l'autosabotage.

Il est important de prendre conscience que tout le monde est vulnérable et susceptible de faire des erreurs, sans pour autant que cela remette en cause ce que l'on est. Personne n'attend de vous que vous réussissiez tout du premier coup. Détachez-vous du regard des autres et faites simplement de votre mieux.

VOUS AVEZ BESOIN DE CONTRÔLER LES AUTRES

Arriver sans cesse en retard aux rendez-vous ou rendre régulièrement ses projets après la date limite en n'éprouvant aucune culpabilité peut être dû au besoin inconscient de contrôler les autres. Quelqu'un qui adopte un tel comportement ne supporte vraisemblablement pas les limites que lui imposent les autres, qu'ils fassent partie de son entourage ou qu'ils soient ses supérieurs hiérarchiques. C'est ici un désir de liberté et d'emprise sur son temps qui est en jeu.

Accepter que les autres définissent une partie de nos priorités et de notre temps peut être difficile, parce que nous nous considérons comme le seul maître de notre vie. Mais, s'il est vrai qu'il ne faut pas tout accepter des autres, il est parfois nécessaire de se plier aux échéances fixées par autrui afin de mener à bien certains projets. C'est particulièrement vrai dans la vie professionnelle où, si vous n'êtes pas votre propre patron, ne pas accepter les délais fixés risque de vous coûter cher.

VOUS AVEZ TROP CONFIANCE EN VOS CAPACITÉS

Certains procrastinateurs, trop confiants en leurs capacités, ne prennent pas en considération les problèmes spécifiques qui se présentent à chaque nouveau projet. Lorsque tout s'est toujours bien déroulé, il est en effet difficile de s'imaginer que les choses peuvent ne pas se passer comme elles le devraient. La personne concernée risque de mal se représenter l'ampleur de la tâche, la difficulté ou le temps nécessaire pour réaliser une nouvelle mission. Inconsciemment, cependant, elle aura l'impression de jouer avec le feu et pourra se sentir en mauvaise posture. Il est donc important de tenir compte à la fois de ses capacités, mais aussi des caractéristiques spécifiques liées à la charge qu'il vous revient d'accomplir.

> « Je recule aussi devant l'effort le plus longtemps possible, en me disant que j'ai le temps, que je travaillerai plus demain et les jours qui suivent. Donc la charge de travail augmente, et comme le temps imparti pour le faire diminue, le stress augmente petit à petit. » (Justine, 35 ans)

VOUS REFUSEZ TOUTE FORME D'ÉCHEC

Fortement liée au perfectionnisme et à la peur de décevoir, la crainte d'échouer motive de nombreuses personnes à repousser les projets qui leur tiennent à cœur. De la sorte, si ceux-ci n'aboutissent pas, ce sera uniquement parce qu'elles y auront consacré peu de temps, et non parce qu'elles n'étaient pas capables de gérer ces dossiers. C'est en effet moins déstabilisant que d'avoir travaillé pendant de nombreuses heures pour rien.

Pourtant, c'est en sortant de sa zone de confort que l'on peut se découvrir de nouvelles aptitudes et évoluer. Faire face aux difficultés que l'on rencontre permet de mieux se connaître et de vaincre ses peurs.

VOUS CRAIGNEZ LA RÉUSSITE ET
LE CHANGEMENT

Si certains redoutent l'échec plus que tout, d'autres, à l'inverse, tentent inconsciemment d'éloigner le succès, à la suite duquel il y a fort à parier qu'ils seront sollicités pour des projets de plus en plus importants. En réalité, ils tremblent à l'idée de sortir de l'ombre, de grandir, de se développer et de devenir le sujet de leur propre vie. Ces procrastinateurs ont du mal à se projeter dans l'avenir ; c'est pourquoi ils préfèrent s'adonner à des tâches bien définies, voire répétitives, qu'ils connaissent. Ils font du surplace et n'osent pas entreprendre ce qui les oblige à sortir de leur zone de confort.

Pourtant, travailler activement sur ses peurs et ses angoisses permet de se dépasser. Les possibilités d'évolution qui se font alors jour sont parfois moins déroutantes qu'on l'imaginait et sont l'occasion d'exploiter ses compétences dans des défis plus stimulants, d'apprendre vraiment quelque chose.

VOUS FONCTIONNEZ MIEUX DANS L'URGENCE

Bien que cela puisse être grisant d'enchaîner les nuits blanches pour boucler un dossier parce que vous ne vous y êtes pas mis suffisamment tôt, ce mode de fonctionnement comporte toujours un risque et peut même s'avérer catastrophique dans certains cas. Celui qui fonctionne dans l'urgence se demande toujours si, cette fois encore, il parviendra à finaliser ce qu'il doit faire dans les temps impartis, ce qui est très stressant.

Ainsi, même si vous pensez avoir besoin d'adrénaline pour avancer, et même si vous savez que vous éprouverez d'autant plus de fierté d'avoir achevé votre travail dans les délais, ce type de comportement risque de s'avérer rapidement épuisant. Par ailleurs, travailler systématiquement sous pression signifie nécessairement que certains aspects du projet devront être négligés par manque de temps. Il y a un côté très frustrant à réaliser que vous auriez pu tellement mieux faire si vous vous y étiez pris plus tôt.

LES AUTRES CAUSES

D'autres peurs peuvent être à l'origine de la procrastination. Tandis que les uns manqueront de vision à long terme et ne percevront pas ce que pourrait leur apporter la réalisation de telle ou telle tâche, préférant privilégier ce qui apporte une satisfaction immédiate, d'autres craindront de manquer de temps de loisir ou d'être enchaînés à leur travail. Pour certains, prendre des décisions constituera l'obstacle devant lequel ils s'arrêteront toujours par peur de l'impact qu'elles pourraient avoir sur le futur et l'impossibilité de retourner en arrière. D'autres encore refuseront tout simplement de réaliser un projet qui leur coûte beaucoup et miseront tout sur les tâches mesurables et dont le résultat est plus rapide.

Toutes ces problématiques démontrent à quel point il est important de réfléchir à ses propres freins et d'en identifier les principaux, afin de pouvoir les questionner et alléger les souffrances qui en découlent. Si, au fond de vous, vous désirez soulever des montagnes ou tout simplement mieux gérer vos affaires, il serait dommage de ne pas travailler sur les causes de la procrastination pour devenir enfin maître de votre propre vie.

Parmi les affirmations suivantes, choisissez celles qui vous correspondent le plus et calculez ensuite le total de symboles obtenu.

- Prioriser mes tâches est difficile pour moi.
△ Je suis très sensible au regard des autres.
△ Je me sens nul lorsque j'échoue.
◆ Tant que je ne prends pas de décision, je reste dans ma zone de confort.
◆ Je ne supporte pas les critiques.
- J'ai besoin d'encouragements pour me mettre au travail.
- Je pense être peu méthodique.
◆ Je refuse que l'on me donne des ordres.
△ Rien de ce que je fais ne me semble satisfaisant.
- Je vois souvent les projets que l'on me confie comme des montagnes inatteignables.
△ Je fais très attention aux détails.
◆ Je dépasse toujours les échéances qui me sont fixées.
△ Quand les exigences me paraissent trop élevées, je bâcle les choses.
- Je suis davantage intéressé par ce qui apporte de la satisfaction immédiate.
- Je pense avoir assez de temps, donc je ne fais rien, et finalement je dois tout faire dans l'urgence.
△ J'ai besoin de beaucoup de reconnaissance pour avancer.
◆ J'essaie de tout faire par moi-même, sans l'aide de personne.
◆ J'ai peur de me montrer vulnérable.
△ Je me trouve moins intelligent que mon entourage.
△ Les responsabilités m'angoissent.
- Je ne ressens pas de pression par rapport à des tâches dont l'échéance est lointaine.
◆ J'évite les tâches qui ne respectent pas mon esprit logique et créatif.
△ Je suis très sensible aux critiques négatives.
◆ J'arrive souvent en retard chez les autres.
- Quand je dois faire quelque chose, je ne sais jamais par quelle tâche je dois commencer.
- Lorsque j'ai un objectif, il est facile de me détourner de ma tâche.
△ Je n'ai pas confiance en mes capacités.
◆ Je ne veux pas que l'on remarque mes défauts.
◆ Je ne m'engage pas dans un projet si je ne suis pas sûr de le réussir.
- Si je ne me représente pas bien le travail à faire, je le laisse tomber.

Résultats :
- **J'ai un maximum de •** : Je manque de méthode. Si je reporte régulièrement des tâches, c'est principalement parce que je suis peu méthodique ou parce que je ne me représente pas bien le travail à réaliser. Je reporte alors mon attention sur ce que je connais bien ou sur ce qui apporte des plaisirs

immédiats. Pourtant, se donner le temps de la réflexion permet souvent de trouver des solutions aux problèmes que l'on pourrait rencontrer dans la réalisation de la tâche.

- **J'ai un maximum de** $\triangle$: J'ai peur de décevoir. La crainte de décevoir va souvent de pair avec un manque de confiance en soi. Elle peut être la conséquence d'un niveau d'exigence trop élevé que l'on a vis-à-vis de soi-même ou tout simplement être liée au fait que l'on souhaite plaire à tout prix à son entourage en vue de gagner une certaine légitimité. De telles pensées ne motivent pas à s'engager dans des projets qui risquent de nous exposer à la critique. Pourtant, c'est en réalisant ces projets que nous pourrons acquérir de nouvelles compétences et nous perfectionner.
- **J'ai un maximum de** ♦ : Je veux garder le contrôle. En arrivant constamment en retard ou en m'opposant à toute forme d'ordre, je donne l'impression de vouloir tout contrôler et d'être le seul qui puisse décider de mon emploi du temps. Je ne supporte probablement pas la critique et préfère m'adonner à des activités qui me donnent entière satisfaction. S'il est vrai que gérer son temps à 100 % comporte certains attraits, il est cependant impossible de se passer entièrement des autres. Pourquoi alors ne pas négocier pour que chacun y trouve son compte ?

LES PARADES DU PROCRASTINATEUR

Le procrastinateur a plusieurs parades pour éviter de s'attaquer aux tâches rebutantes. En voici les trois principales :

- il reporte à un moment qu'il pense être plus opportun ;
- il désigne une autre activité comme étant plus importante ;
- il prétend qu'il n'a pas le temps.

Au contraire de la multitude de causes qui expliquent la procrastination, la manière dont celle-ci se traduit dans la réalité n'est pas aussi diversifiée : vous choisissez de porter votre attention sur autre chose, vous mentez, vous feignez d'oublier, en bref, vous reportez !

LES MÉTHODES POUR PROCRASTINER MOINS SOUVENT

SE MOTIVER PAR LA PENSÉE

Posez-vous les bonnes questions

Demandez-vous régulièrement si vos activités se rattachent bel et bien à vos objectifs de vie. Si elles en sont trop éloignées, il est normal que vous n'ayez aucune envie de leur accorder du temps. Cependant, quelquefois, en réfléchissant, il est possible de trouver une facette du travail à effectuer qui vous est profitable. Si vous n'en trouvez aucune, peut-être est-il temps pour vous de vous poser des questions quant à votre choix de carrière ou à certains choix de vie...

Résistez mieux aux tentations

Si ces activités sont, au contraire, importantes pour vous, mais assez difficiles à réaliser, vous devez tout d'abord vous projeter dans le futur et imaginer la peine que vous auriez à supporter les conséquences néfastes qui découleraient du fait de n'avoir rien fait. Si vous ne payez jamais votre loyer à temps, imaginez-vous, par exemple, être mis à la porte par votre propriétaire.

Dans un second temps, il est nécessaire d'identifier les tentations qui pourraient vous détourner de votre objectif. Le but n'est bien sûr pas de les interdire totalement, mais d'augmenter votre capacité à leur résister. Il peut s'agir de films, de sorties, des réseaux sociaux, des jeux vidéo, ou même du ménage qui peut devenir une tentation alléchante lorsqu'il peut nous détourner d'un travail complexe à réaliser.

Diminuer les tentations n'est pas chose aisée, c'est pourquoi vous devez y aller progressivement. C'est en avançant pas à pas que vous vous améliorerez le plus. Identifiez les moments de la journée au cours desquels vous êtes le plus susceptible de vous laisser aller. Si vous êtes peu efficace le soir, par exemple, ne planifiez pas les tâches les plus importantes et complexes à faire à ce moment-là. Profitez plutôt de ce temps pour réaliser celles qui vous dérangent le moins. Lorsque vous avez bien avancé sur un dossier difficile, récompensez-vous par une petite pause durant laquelle vous feriez exactement ce qu'il vous plaît.

Il est aussi important d'analyser les choses que vous faites pour découvrir ce qui vous procure le plus de plaisir. Si, par exemple, vous passez beaucoup de temps sur Internet, en surfant d'un site à l'autre, pourquoi ne pas sélectionner ceux qui vous apportent vraiment de la distraction et décider d'une période de temps durant laquelle vous pourrez vous y rendre chaque jour ? N'essayez pas de mettre un frein à toutes ces activités chronophages en une seule fois. Cela risque de ne pas être aussi concluant que vous le souhaitiez et cela pourrait vous décourager dans vos efforts.

De même, il est aussi important de voir dans la réalisation de ses projets le plaisir et le bonheur que cela apporte. N'êtes-vous en effet pas plus content de vous lorsque vous venez à bout de quelque chose que vous deviez faire que lorsque vous regardez simplement un film ?

Soyez votre meilleur ami

Dans la lutte contre la procrastination, vous êtes la personne la plus à même à ressentir ce qui est bon pour vous. Et si vous décidiez dès à présent de croire en vous et de vous apporter le meilleur soutien possible pour la réalisation de vos projets ? Si l'un de vos amis avait des difficultés, comment vous comporteriez-vous avec lui ? Le rabaisseriez-vous jusqu'à ce qu'il finisse par abandonner ou, au contraire, l'encourageriez-vous pour qu'il aille au bout de ce qu'il a entrepris ?

C'est cette deuxième attitude que nous vous invitons à adopter pour vous-même. Pour vous aider à gagner de l'assurance, vous pourriez par exemple noter trois choses positives que vous avez réalisées pendant la journée dans un petit cahier et vous y replonger de temps en temps afin de trouver de la motivation.

ORGANISER SON TEMPS

Scindez vos tâches en petites activités

Lorsque vous devez réaliser un travail, qu'il soit professionnel ou lié à votre vie personnelle, il est conseillé de diviser la tâche en plusieurs sous-tâches. Si vous devez, par exemple, avancer dans un projet d'écriture, délimitez les parties de texte sur lesquelles vous souhaitez travailler au jour le jour. « Rédiger ma thèse » devient « Rédiger le point A », « Rédiger le point B », et ainsi de suite, voire « Rédiger le premier paragraphe du point A ».

Soyez précis ! Plus la tâche est délimitée, plus elle paraît faisable, et il vous sera d'autant plus facile d'estimer votre temps. Cela vous permettra en outre de savoir immédiatement ce que vous devez faire, et vous ne pourrez plus trouver de parade pour contourner votre mission du jour.

Faites des listes

Réaliser une liste des choses à faire est la technique la plus répandue et la plus efficace pour organiser au mieux sa journée. Pour ce faire, il est toujours conseillé de mélanger les activités faciles et celles qui vous paraissent plus déplaisantes. Lorsque vous aurez listé toutes vos activités, pensez à les scinder comme il convient de le faire et classez-les selon leur priorité : certaines seront urgentes et importantes (UI), d'autres urgentes et non importantes (Ui), d'autres encore non urgentes mais importantes (uI) et, enfin, ni urgentes ni importantes (ui). Cette technique de classement proposée par Daniel Latrobe dans son ouvrage sur la gestion du temps vous permettra d'identifier ce sur quoi vous devez réellement concentrer votre énergie et que vous devez traiter en priorité.

Liste des tâches à réaliser non organisée		Liste des tâches à réaliser organisée	
Dans un premier temps, écrivez tout ce que vous souhaitez accomplir dans la journée. Attribuez ensuite à chaque mission le degré d'urgence et d'importance.		Dans un second temps, réorganisez votre planning de manière plus logique. Vous verrez immédiatement ce qui doit être fait obligatoirement et les activités qui passent en second plan.	
☐ Conduire les enfants à l'école	UI	UI ☐ Conduire les enfants à l'école	
☐ Organiser l'anniversaire surprise de ma fille	ul	UI ☐ Faire les courses	
☐ Préparer le déjeuner de midi	Ui	UI ☐ Chercher les enfants à l'école à 13 heures	
☐ Lire un roman	ui	Ui ☐ Préparer le déjeuner de midi	
☐ Faire 1 heure de sport	ul	ul ☐ Organiser l'anniversaire surprise de ma fille	
☐ Chercher les enfants à l'école à 13 heures	UI	ul ☐ Faire 1 heure de sport	
☐ Demander des nouvelles de Pascale	ui	ui ☐ Lire un roman	
☐ Faire les courses	UI	ui ☐ Demander des nouvelles de Pascale	

Ces listes doivent être affichées de manière visible dans votre environnement pour que vous les ayez toujours sous les yeux. Cela vous permettra de ne pas perdre de vue votre objectif. N'hésitez pas à varier leur apparence pour qu'elles restent attrayantes.

Lorsqu'une tâche est terminée, prenez l'habitude de la rayer de votre liste. Vous pourrez ainsi prendre conscience de votre avancement et vous n'en retirerez que plus de plaisir et une plus grande motivation.

Si vous avez envie d'avoir une idée exacte de ce que vous devez faire et de le programmer dans votre journée, optez pour la liste horaire. Plus vous êtes débordé plus cette technique vient à point pour vous recadrer et vous empêcher de passer trop de temps sur une tâche au détriment d'une autre. N'oubliez toutefois pas que vous n'êtes pas une machine et que des journées surchargées doivent être évitées autant que possible.

La liste horaire que nous vous proposons est celle d'une personne qui souhaite concilier vie de famille, projets personnels et intendance de la maison. Si vous utilisez un système similaire, sachez prévoir des plages horaires plus longues que nécessaire, afin de gérer les imprévus ou les coups de fatigue qui pourraient survenir.

Liste horaire

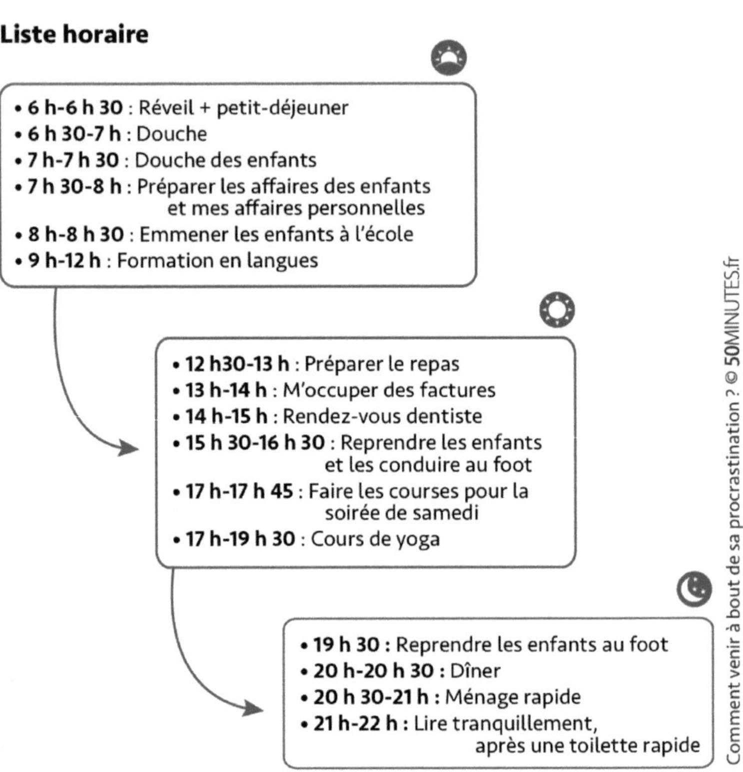

Réalisez un rétroplanning

Lorsque vous connaissez la date butoir à laquelle vous devez avoir terminé un projet de grande ampleur, il est nécessaire de réaliser un rétroplanning. Au contraire de la simple liste que vous devez réaliser quotidiennement et qui reprend les activités que vous devez faire précisément ce jour-là, le rétroplanning offre une vue d'ensemble sur une période de temps donné (un mois, un trimestre, un an, etc.).

Partez de la date à laquelle aura lieu l'événement sur lequel vous travaillez et remontez dans le temps. Notez dans ce tableau chacune des étapes de votre projet et précisez le temps nécessaire à sa réalisation. Il est important de prévoir des marges d'erreur, car évaluer correctement la durée d'une action n'est pas facile et un imprévu peut toujours arriver.

Le rétroplanning proposé ci-dessous est lié à la préparation d'une fête d'anniversaire surprise qui aura lieu le 4 juin 2016. Les différentes choses à organiser sont divisées en plusieurs tâches dont la réalisation peut s'étaler sur plusieurs jours. N'oubliez pas de toujours compter un peu plus de temps que prévu afin de pouvoir faire face aux imprévus. En bleu sont représentées les missions qui contribueront à créer une ambiance particulière le jour de l'anniversaire ; en rose les missions plus générales, comme la consultation de traiteurs, etc.

Organisation de la fête d'anniversaire de Nathalie (4 juin 2016)

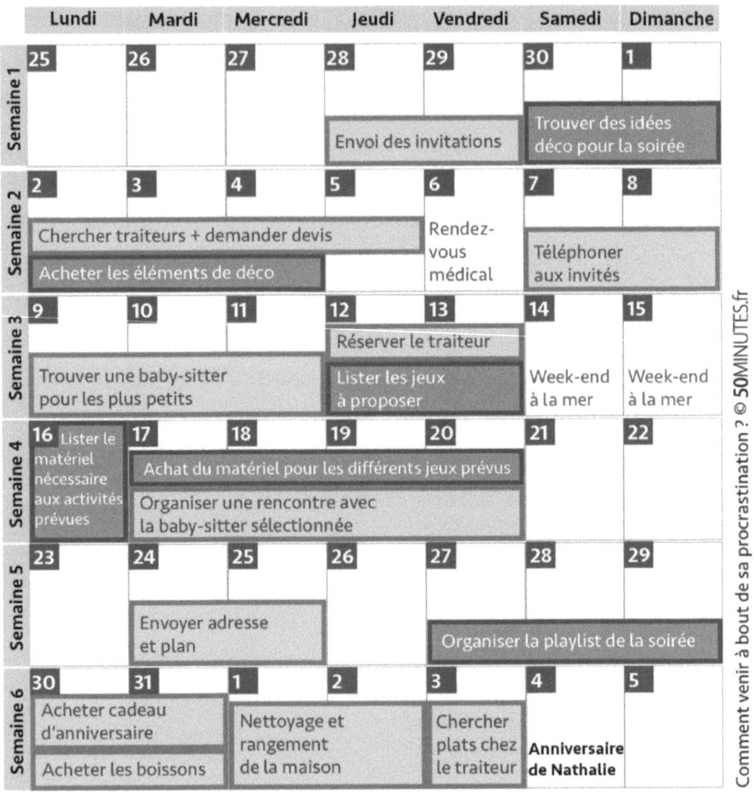

L'utilisation du diagramme de Gantt est souvent préconisée pour réaliser un rétroplanning efficace, parce qu'il permet de visualiser immédiatement la répartition des tâches, leur avancement, etc. Le principe est simple, mais l'élaboration peut prendre du temps. Il s'agit de lister les tâches concrètes à réaliser concernant un projet précis, de prévoir pour chacune une durée et de rendre visibles ces deux données (tâches/durées) dans un tableau. Au fur et à mesure de l'accomplissement de ces tâches, les réglettes représentant les durées se remplissent.

Rétroplanning Gant — Anniversaire de Nathalie

PAS DE DÉLAI ? À VOUS DE FIXER UNE DATE BUTOIR !

Lorsque personne n'est derrière vous pour réclamer le travail à une date précise, il se peut que vous laissiez traîner les choses indéfiniment. Pour que cela ne se produise plus, fixez-vous une deadline à respecter. Même si le stress est moins présent que si vous deviez rendre des comptes à quelqu'un, cela vous permettra de planifier les différentes actions à entreprendre.

Planifiez vos loisirs

Planifier vos loisirs vous évitera soit d'y consacrer trop de temps durant la semaine, soit de les ignorer au profit de vos obligations. Pour certains, cette méthode pourrait manquer de spontanéité, mais cela vous assure néanmoins d'avoir des plages horaires consacrées à ce que vous aimez réellement faire.

La méthode Pomodoro®

Inventée par l'Italien Francesco Cirillo à la fin des années quatre-vingt alors qu'il était encore étudiant, la méthode Pomodoro® consiste à prévoir des sessions de travail de 25 minutes, entrecoupées de pauses de 5 minutes. Au bout de quatre sessions de travail (soit 4 x 25 minutes auxquelles s'ajoutent 4 x 5 minutes), vous pouvez vous octroyer une pause d'une quinzaine de minutes. L'objectif est de relancer constamment votre attention pour rester concentré et vous permettre une meilleure mesure du temps de réalisation d'une tâche. L'auteur de la méthode invite les utilisateurs à estimer la durée nécessaire à chaque tâche en « pomodori » plutôt qu'en unité horaire.

Quelques idées pour profiter de vos courtes pauses :

- sortir pour marcher un peu ;
- faire des étirements ;
- méditer ;
- lire un article dans le journal ;
- boire un verre d'eau ou un café ;
- manger un snack (un fruit de préférence) ;

- exécuter une petite tâche ménagère ;
- etc.

CADRER SON TRAVAIL

Choisissez un endroit propice

Pour que vous puissiez réaliser vos tâches de la meilleure façon qu'il soit, il est important de vous trouver dans un lieu propice au type d'activité que vous souhaitez réaliser. Vous avez besoin de vous concentrer ? Alors rendez-vous dans un lieu calme où personne ne viendra vous déranger. Si vous êtes interrompu par quelqu'un, n'hésitez pas à lui dire sans rougir que vous êtes occupé et mettez-vous d'accord sur un autre créneau pour que vous puissiez vous parler.

Commencez par ce qui vous paraît le plus pénible

Après avoir listé les choses que vous devez faire en ce jour, il est souvent préférable de commencer par ce qui risque de vous demander le plus d'énergie, que ce soit intellectuellement ou physiquement. N'oubliez pas que nous avons tendance à avoir plus d'énergie le matin que l'après-midi où la fatigue liée à la digestion peut se faire sentir. Une fois cette tâche terminée, vous envisagerez en outre le restant de la journée beaucoup plus sereinement !

Prenez l'habitude de passer directement à l'action

Dès que vous avez une idée concernant un projet ou que vous sentez l'envie de faire quelque chose, parce que vous êtes inspiré ou que c'est le bon moment, passez tout simplement à l'action. Différer l'exécution de cette tâche vous obligera à vous en occuper plus tard, quand l'envie sera passée et que d'autres obligations se seront ajoutées à votre liste de choses à faire.

Déléguez quand c'est possible

Quelquefois, il est bon d'accepter de demander de l'aide à son entourage si l'on pense ne pas pouvoir arriver au bout de notre liste de tâches. Il s'agit toutefois d'être attentif aux activités qui occupent la personne à laquelle vous souhaitez déléguer l'une ou l'autre chose et ne pas lui imposer votre manière de procéder. Sachez respecter les emplois du temps de chacun et tenir compte de leurs impératifs et de leurs besoins.

QUELLE ATTITUDE ADOPTER DURANT VOTRE CHEMINEMENT ?

Vous le savez, modifier ses comportements prend du temps et déjouer sa procrastination demande de réaliser un certain travail sur soi. Vous devrez donc vous montrer persévérant, ce qui implique d'accepter de vous remettre constamment en question. Même s'il vous arrive, au début, de céder régulièrement aux distractions, par une simple prise de conscience quotidienne, vous devriez progressivement parvenir à vous limiter pour vous concentrer sur ce qui vous intéresse vraiment.

Comme nous sommes tous différents, n'hésitez pas à tester les diverses techniques proposées, au gré de vos envies et de vos besoins. Lorsque vous cernerez ce qui fonctionne le mieux pour vous, n'hésitez pas à mettre en place une gestion du temps plus personnalisée. Montrez-vous également créatif. Si réaliser des tableaux de votre emploi du temps sur Excel vous déplaît, réalisez-les sur papier ou dénichez d'autres programmes ou applications qui vous permettront d'organiser votre temps de manière plus attractive.

Grâce aux progrès que vous réaliserez, votre confiance en vous grandira, ainsi que votre capacité à évaluer le temps nécessaire pour réaliser une mission. Alors que vous aviez peut-être des préjugés sur le degré de difficulté d'une tâche, vous y consacrer réellement en faisant appel aux stratégies proposées vous permettra de vous rendre compte qu'elle ne demandait pas tant de temps ou d'énergie que vous le pensiez. Vous n'aurez plus peur à l'avenir de vous y atteler. En travaillant sur votre motivation et sur vos différents blocages, ce n'est pas seulement un problème d'organisation que vous résoudrez, vous prendrez également conscience de la volonté qui vous anime et qui vous permettra de faire face à différentes situations. Passer à l'action deviendra plus facile.

FAQ

QUI SONT LES PROCRASTINATEURS ?

Ce sont vous et moi. Dès lors qu'une personne a tendance à remettre certaines tâches au lendemain, elle procrastine. Il existe bien évidemment plusieurs profils de procrastinateur : il y a celui qui repousse toujours tout et ne parvient pas à prendre les choses en main, auquel cas on parle d'un procrastinateur paresseux ; il y a ceux qui se cachent derrière une montagne d'activités simples à réaliser afin de ne pas faire ce qui les dérange le plus et qui s'avère plus complexe à réaliser, on parle alors d'un procrastinateur structuré ; etc. La problématique concerne un si grand nombre de personnes qu'une journée lui a été dédiée.

LES PROCRASTINATEURS SONT-ILS FORCÉMENT DES GENS PARESSEUX ? QUELS SONT LEURS ATOUTS ?

Non, les procrastinateurs ne sont pas forcément paresseux. Au contraire ! Ils peuvent même se montrer très actifs en faisant face à de très nombreuses obligations. Ce qui les différencie des autres personnes est le fait qu'ils ont tendance à se concentrer sur des éléments tout à fait accessoires. C'est pourquoi, si vous souffrez de cela, il est important d'apprendre à classer les tâches quotidiennes selon leur priorité et de vous y tenir.

Malgré les difficultés que provoque la procrastination, elle peut toutefois permettre le développement de certaines qualités. En effet, le procrastinateur doit souvent se montrer créatif afin de trouver des solutions pour respecter les délais très courts auxquels il doit faire face. En outre, avoir la capacité de travailler efficacement dans l'urgence peut être un atout non négligeable dans de nombreux métiers. Enfin, procrastiner permet parfois de laisser mûrir une idée ou de trouver des sources d'inspiration originales qui n'auraient pas été découvertes autrement.

QUELLES SONT LES RAISONS POUR LESQUELLES NOUS REMETTONS TOUJOURS CERTAINES CHOSES À PLUS TARD ?

Les raisons sont diverses et propres à chacun. Certains ont peur de réaliser quelque chose d'imparfait, d'autres de manquer de temps libre, et une bonne partie d'échouer ou même de réussir. En prenant un peu de recul, vous trouverez en vous la cause principale de votre refus de vous y mettre. Acceptez-la et travaillez régulièrement dessus, sans vous juger, afin de vous améliorer petit à petit.

QUAND ET COMMENT REPRENDRE LE CONTRÔLE DE LA SITUATION ?

Lorsque vous avez l'impression de mal gérer votre temps, ou tout simplement lorsque votre tendance à toujours tout faire dans l'urgence vous a porté préjudice. Il faut tout d'abord déterminer les freins et difficultés récurrents qui vous bloquent, et chercher un moyen de dépasser vos peurs et de canaliser vos émotions. En même temps ou par la suite, prenez connaissance des astuces qui existent pour être plus productif. Être régulier est primordial pour installer durablement de nouvelles habitudes dans votre vie, tout comme pour acquérir de nouvelles compétences.

EXISTE-T-IL DES MÉTHODES POUR MIEUX GÉRER SON TEMPS ?

Il existe de très nombreuses méthodes, ou plutôt des trucs pour se motiver à effectuer les tâches les plus complexes et éreintantes. Certaines ont fait leurs preuves, d'autres sont plus originales et n'attendent que vous pour être développées et personnalisées. La méthode de la liste est la plus classique, mais ne suffira pas toujours à entretenir votre motivation. N'hésitez donc pas à en tester plusieurs afin de trouver celle qui vous convienne le plus.

COMMENT CONCILIER TÂCHES REBUTANTES ET PLAISIR PERSONNEL ?

En vous autorisant d'une part à alterner plaisir et travail ; d'autre part, en faisant de votre travail quelque chose que vous appréciez faire, vous trouverez du plaisir dans les tâches qui vous occupent quotidiennement. Comme ce n'est pas toujours possible, liez tout simplement l'utile à l'agréable. Vous pouvez très bien repasser ou faire la vaisselle en écoutant de la musique ou en regardant un film par exemple. Si faire du sport vous ennuie, pensez aux bénéfices qui découleront de vos efforts, mais aussi aux aspects positifs du cours en lui-même.

Il est en outre très important de s'aérer l'esprit de temps en temps en faisant des pauses pour faire émerger de nouvelles idées et retrouver de la motivation. Cela ne veut pas dire pour autant que vous puissiez faire n'importe quoi durant ces moments de détente. Favorisez des activités qui vous changent réellement les idées. Pourquoi ne pas aller vous balader une vingtaine de minutes au lieu de vous asseoir devant votre écran de télévision ?

COMMENT AIDER UN PROCRASTINATEUR À GAGNER EN EFFICACITÉ ?

Pour aider un procrastinateur à être plus efficace, vous devrez le soutenir et non le faire culpabiliser. N'hésitez pas à lui proposer votre aide pour mettre au point un planning ou pour réaliser ensemble certaines tâches. Vous possédez peut-être des compétences qui manquent à votre proche et qui pourraient l'aider à analyser le problème sous un angle différent. Vous pouvez suggérer de « confisquer », s'il le demande, certaines sources de distraction afin de l'aider à se concentrer ; ou lui proposer de faire état de ses avancées dans le projet qui l'occupe. Cela lui permettra de voir le chemin parcouru et de se sentir soutenu.

Votre avis nous intéresse !

Laissez un commentaire sur le site de votre libraire en ligne
et partagez vos coups de cœur sur les réseaux sociaux !

POUR ALLER PLUS LOIN

SOURCES BIBLIOGRAPHIQUES

* Cirillo (Francesco), *The Pomodoro Technique*, Berlin, FC Garage GmbH, 2012.
* Ferrari (Michaël), *Stop à la procrastination, c'est malin. Allez enfin au bout de vos projets*, Paris, Quotidien Malin, 2014.
* Latrobe (Daniel), *Gérer efficacement son temps et ses priorités. Concilier efficacité et bien-être*, Issy-les-Moulineaux, ESF Éditeur, coll. « Formation Permanente », 2000.
* Perry (John), « Procrastination, j'écris ton nom », in *Philosophie Magazine*, n° 63, 2012, consulté le 10 décembre 2015. http://www.philomag.com/les-idees/procrastination-jecris-ton-nom-6057
* « Petit éloge de la procrastination structurée », in *Le Point.fr*, consulté le 29 février 2016. http://www.lepoint.fr/societe/etes-vous-un-procrastina-teur-06-06-2013-1688525_23.php

SOURCES COMPLÉMENTAIRES

* Emmet (Rita), *Ces gens qui remettent tout à demain. Conseils pour vaincre la procrastination*, Québec, Éditions de l'Homme, 2005.
* Perry (John), *La procrastination. L'art de remettre au lendemain*, Paris, Autrement, 2012.

Éditeur responsable : Lemaitre Publishing
Avenue de la Couronne 382 | B-1050 Bruxelles
info@lemaitre-editions.com

ISBN ebook : 978-2-8062-7618-6
ISBN papier : 978-2-8062-7619-3
Dépôt légal : D/2016/12603/46
Photo de couverture : © Denisismagilov – Fotolia.fr.